50 Säfte Um Abzunehmen:

Sieh dünner aus in 10 Tagen oder weniger!

von

Joseph Correa

Zertifizierter

Sport-Ernährungsberater

COPYRIGHT

© 2016 Finibi Inc

Alle Rechte vorbehalten

Die Vervielfältigung und Übersetzung von Teilen dieses Werkes, mit Ausnahme zum in Paragraph 107 oder 108 des United States Copyright Gesetzes von 1976 dargelegten Zwecke, ist ohne die Erlaubnis des Copyright-Inhabers gesetzeswidrig.

Diese Veröffentlichung dient dazu fehlerfreie und zuverlässige Informationen zu dem auf dem Cover abgedruckten Thema zu liefern. Es wird mit der Einstellung verkauft, dass weder der Autor noch der Herausgeber befähigt sind, medizinische Ratschläge zu erteilen. Wenn medizinischer Rat oder Beistand notwendig sind, konsultieren Sie einen Arzt. Dieses Buch ist als Ratgeber konzipiert und sollte in keinster Weise zum Nachteil Ihrer Gesundheit gereichen. Konsultieren Sie einen Arzt, bevor Sie mit diesem Ernährungsplan beginnen, um zu gewährleisten, dass er das Richtige für Sie ist.

DANKSAGUNG

Die Fertigstellung und den Erfolg dieses Buches wäre nicht möglich gewesen ohne die Motivation und die Unterstützung meiner gesamten Familie.

50 Säfte Um Abzunehmen:

Sieh dünner aus in 10 Tagen oder weniger!

von

Joseph Correa

Zertifizierter

Sport-Ernährungsberater

INHALT

Copyright

Danksagung

Über den Autor

Einleitung

50 Säfte um abzunehmen: Sieh in 10 Tagen oder weniger dünner aus!

Andere großartige Werke des Autors

ÜBER DEN AUTOR

Als zertifizierter Sport-Ernährungsberater, glaube ich wirklich an den positiven Effekt, den die richtige Ernährung über den Körper und die Seele haben kann. Mein Wissen und meine Erfahrung haben mir geholfen, über die Jahre hinweg gesünder zu leben. Dieses Wissen habe ich zudem mit meiner Familie und Freunden geteilt. Je mehr du über gesunden Essen und Trinken weißt, desto schneller wirst du dein Leben und deine Ess-Gewohnheiten ändern wollen.

Ernährung ist der Schlüssel im Prozess gesünder und länger zu leben. Starte also schon heute damit.

EINLEITUNG

50 Säfte um abzunehmen werden dir helfen, Gewicht auf natürliche Weise und effizient zu verlieren. Diese werden keine Mahlzeiten ersetzen, aber sie sollten deine normalen Tagesmahlzeiten vervollständigen.

Zu beschäftigt zu sein um richtig zu essen kann manchmal ein Problem werden. Darum wird das Buch dir Zeit sparen und deinen Körper ernähren, so dass du die Ziele erreichst, die du möchtest.

Das Buch wird dir helfen:

-schnell Gewicht zu verlieren.

-Fett zu reduzieren.

-mehr Energie zu haben.

-deinen Stoffwechsel in natürlicher Weise beschleunigen, damit du dünner wirst.

-dein Verdauungssystem verbessern.

Joseph Correa ist ein zertifizierter Sport-Ernährungsberater und ein Profi-Sportler.

50 SÄFTE UM ABZUNEHMEN

1. Gemischter Apfelsaft

Diesen Saft kannst du sehr gut vor dem Training oder nach dem Abendessen einnehmen. Es ist eine gute Art, dir beim abnehmen zu helfen. Und warum ist das so? Äpfel sind kalorienarm und ihre Ballaststoffe helfen dir, dich für eine längere Zeit gesättigt zu fühlen, weil es den Magen dehnt. Das bedeutet weniger Kalorien in deinem Magen. Gurkensaft ist sehr reich an Wasser und du weißt, dass Wasser sehr wichtig ist, um Gewicht zu verlieren. Eine neuste Studie zeigte, dass Erwachsene, die zusätzlich Wasser zu sich nahmen, fast 2 Kilogramm Körpergewicht mehr verloren haben als diejenigen, die das nicht getan haben.

- Apfel: verbessert die neurologische Gesundheit
- Gurke: hilft beim Abnehmen und der Verdauung
- Zitrone: hilft Schmerzen und Entzündungen in Gelenken und Knien zu lindern
- Orange: reguliert einen hohen Blutdruck
- Banane: spielt eine wichtige Rolle beim bewahren von Erinnerungen und hebt deine Laune

Zutaten:

- Apfel - 1 mittleren 162g
- Gurke - 1 Gurke 301g
- Zitrone - 1/2 Frucht 25g
- Orange - 1 große 154g
- Banane- 1 mittlere 150 g

Zubereitung:

- **Wasche alle Zutaten. Schäle sie, wenn nötig.**
- **Verarbeite sie alle zusammen zu einem großartigen Saft.**

Gesamtsumme an Kalorien: 280

Vitamine: Vitamin A 27µg, Vitamin C 101,2mg, Calcium 108mg, Vitamin B-6 0,328mg, Vitamin E 1,54mg, Vitamin K 49,7µg

Mineralien: Kupfer 0,418mg, Magnesium 52mg, Phosphor 137mg, Selen 2,1µg, Zink 1,07mg

2. Total verrückter Fruchtsaft

Probiere diesen tollen Saft, der nicht nur köstlich ist, sondern dir auch hilft, schneller Gewicht zu verlieren und deinen Körper zu reinigen. Zutaten wie Cayenne-Pfeffer helfen dir, deinen Stoffwechsel ordentlich anzuheizen. Mango, „die Frucht Indiens" wie sie manchmal genannt wird, enthält sehr viele Nährstoffe und ist eine reichhaltige Quelle für Beta-Karotin und Vitamin C. Das bedeutet, je mehr Nährstoffe du bekommst, desto weniger musst du pro Mahlzeit zu dir nehmen. Stell also sicher, diesen Saft auf einen täglichen Speiseplan zu setzen.

- Apfel: schützt deinen Körper vor freien Radikalen
- Cayenne-Pfeffer: vermutlich Anti-Tumor-Wirkung
- Mango: verbessert die Verdauung
- Orange: alkalisiert den Körper
- Banane: senkt den Blutdruck

Zutaten:

- Apfel– 1 großen 213g
- Cayenne-Pfeffer (scharf) - 1 Prise 0,11g
- Mango (geschält) - 1 Frucht (ohne Kern) 316g

- Orange (geschält) - 1 große 154g

- Banane (geschält) – 1 mittlere 150 g

Zubereitung:

- **Wasche alle Zutaten. Schäle sie, wenn nötig.**

- **Verarbeite sie alle zusammen zu einem großartigen Saft.**

Gesamtsumme an Kalorien: 265

Vitamine: Vitamin A 128µg, Vitamin C 122,1mg, Vitamin B-6 0,409mg, Vitamin E 2,38mg, Vitamin K 12,1µg, Calcium 68mg, Eisen 0,72mg

Mineralien: Kupfer 0,319mg, Magnesium 41mg, Phosphor 68mg, Selen 1,9µg, Zink 0,31mg

3. Magischer Apfelsaft

Das ist ein weiterer geschmackvoller Saft, der dir helfen wird, deinen Lebensstil zu verbessern und deine Rate beschleunigen wird, mit der du Gewicht verlierst. Karotten bekämpfen aufgrund ihrer Ballaststoffe Fett, mehr als die Hälfte der löslichen Ballaststoffe ist Calcium-Pektat. Das verringert den Blut-Cholesterol-Level, indem es Gallensäure abbaut. Letzten Endes wird Cholesterol dem Blut entzogen, damit mehr Gallensäure hergestellt wird, was den Cholesterol-Gehalt senken wird. Es hilft außerdem, überschüssige Körper-flüssigkeit zu entsorgen. Genieße diesen Saft und nimm ihn in deine tägliche Routine auf. Er wird dir zu positiven Ergebnissen verhelfen.

- Äpfel : verhindern Demenz
- Karotten: wirken gegen Schlaganfall
- Ingwerwurzel: hilft, die Herzfrequenz zu kontrollieren
- Zitrone: verhindert Wachstum und Vermehrung von pathogenen Bakterien
- Mango: hilft bei Diabetes

Zutaten:

- Äpfel - 1 mittleren 180g
- Karotten - 2 mittlere 112g
- Ingwerwurzel - 1/2 Daumen breit 10g
- Zitrone (geschält) - 1/2 Frucht 25g
- Mango (geschält) – 1/2 Frucht 70 g

Zubereitung:

- **Wasche alle Zutaten. Schäle sie, wenn nötig.**
- **Verarbeite sie alle zusammen zu einem großartigen Saft.**

Gesamtsumme an Kalorien: 161

Vitamine: Vitamin A 521µg, Vitamin C 17,9mg, Calcium 30mg, Eisen 0,53mg, Vitamin B-6 0,212mg, Vitamin E 1,02mg, Vitamin K 12,9µg

Mineralien: Kupfer 0,114mg, Magnesium 21mg, Phosphor 54mg, Selen 0,1µg, Zink 0,25mg

4. Der Super-Abnehm-Saft

Hier kommt ein einfaches Saft-Rezept, trotzdem ist es sehr effektiv um anzunehmen. Kohl wird nicht so oft verzehrt wie er es sollte. Es ist eine reichhaltige Quelle für Vitamin C und hat einen hohen Anteil an Ballaststoffen. Birnen sind ebenfalls eine gute Quelle für Ballaststoffe. Studien haben gezeigt, wenn man mehr als drei Birnen pro Tag isst, konsumiert man weniger Kalorien und wird mehr Gewicht verlieren. Sie haben zudem einen wirklich hohen Anteil an Fructose und Glucose. Sie dient als natürlicher Lieferant für Energie. Birnen beinhalten Bor, was dem Körper hilft, Calcium zurück zu halten. Das macht dich gesünder. Es ist ein großartiges Rezept für dich und deine Familie.

- Apfel: reduziert das Risiko von Diabetes
- Kohl: hilft, den Blutdruck zu senken
- Zitrone: hilft, eine gewöhnliche Erkältung zu heilen
- Birnen: verhindern Krebs

Zutaten:

- Apfel - 1 mittleren180 g
- Kohl (roten) - 3 Blätter 72g
- Zitrone (mit Schale) - 1/2 Frucht 27g

- Birnen - 2 mittlere 346g

Zubereitung:

- **Wasche alle Zutaten. Schäle sie, wenn nötig.**
- **Verarbeite sie alle zusammen zu einem großartigen Saft.**

Gesamtsumme an Kalorien: 205

Vitamine: Vitamin A 29µg, Vitamin C 48,1mg, Thiamin 0,059mg, Vitamin B-6 0,213mg, Vitamin E 0,3mg, Vitamin K 33,6µg, Calcium 52mg

Mineralien: Kupfer 0,203mg, Magnesium 27mg, Phosphor 50mg, Selen 0,6µg, Zink 0,3mg

5. Super Spinatsaft

Spinat ist reichhaltig an Ballaststoffen für unser Verdauungssystem. Es ist ein Reinigungsmittel, welches Müll entfernt, der sich über die Zeit im Verdauungstrakt angesammelt hat. Wegen seines abführenden Effekts auf den Körper, wird es außerdem helfen, die Verdauungstrakt-Funktion zu verbessern. Zitrone ist immer schon eine gute Zutat gewesen, wenn man versucht Gewicht zu verlieren- Genauso Äpfel, da diese helfen das Cholesterin zu senken. Es ist eine wohlschmeckende Frucht, die du jeder Zeit genießen kannst.

- Sellerie: es hilft dir, dich zu beruhigen
- Zitrone: hilft bei der Produktion von Verdauungssäften
- Birnen: hilft, das Immunsystem aufzubauen
- Orange: reguliert Bluthochdruck
- Spinat: hält Haut und Haare gesund
- Äpfel: senkt das schlechtes Cholesterin

Zutaten:

- Sellerie – 3 Stangen, große 206g

- Zitrone (geschält) – ½ Frucht 25g
- Birne – 1 mittlere 170g
- Orange (geschält) – 1 große 180g
- Spinat – 4 Handvoll 100g
- Äpfel – 2 mittlere 350g

Zubereitung:

- **Wasche alle Zutaten. Schäle sie, wenn nötig.**
- **Verarbeite sie alle zusammen zu einem großartigen Saft.**

Gesamtsumme an Kalorien: 243

Vitamine: Vitamin A 406µg, Vitamin C 107,2mg, Calcium 219mg, Eisen 3,16mg, Cholin 45,9mg, Vitamin B-6 0,56mg, Vitamin K 413,5µg

Mineralien: Kupfer 0,253mg, Magnesium 114mg, Phosphor 121mg, Selen 1,3µg, Zink 0,67mg

6. Wundervoller Erfrischungssaft

Wenn dein Ziel darin besteht, Gewicht zu verlieren, versuch dieses Saftrezept. Es wird dich in die richtige Richtung lenken. Rote Beete ist ein gute Art, das Blut zu reinigen und die Gallenblase sowie die Leber zu stärken. Karotten helfen, die Leber zu reinigen und mehr Gallensaft freizusetzen. Zur gleichen Zeit werden sie dein Immunsystem aufwecken, was dir einen gesünderen Körper verleiht. Sie beinhalten außerdem Beta-Karotin, die bekanntlich das Risiko mehrerer Krebsarten verringern. Die Nährstoffe, die dieser Saft beinhaltet, werden dich mit einer Vielzahl an Ballaststoffen versorgen und können, wenn nötig, leicht eine Mahlzeit ersetzen – allerdings mit dem Vorteil, weniger Kalorien zu sich zu nehmen. Das ist ein leckeres Rezept, das du in deinem Alltag verwenden solltest.

- Rote Beete: unterstützen die Entgiftung
- Banane: reduziert das Risiko von Leukämie
- Karotten: verbessern die Sehkraft
- Pfeffer: beugt Migräne vor

Zutaten:

- Rote Beete - 1/2 Rübe 40g

- Banane – 1 mittlere 150g
- Karotten - 3 große 206g
- Pfeffer (rot, süß) - 1/2 mittlere 54g

Zubereitung:

- **Wasche alle Zutaten. Schäle sie, wenn nötig.**
- **Verarbeite sie alle zusammen zu einem großartigen Saft.**

Gesamtsumme an Kalorien: 85

Vitamine: Vitamin A 1128µg, Vitamin C 59,5mg, Calcium 51mg, Cholin 13,4mg, Folate 61µg, Vitamin B-6 0,319mg, Vitamin E 1,27mg

Mineralien: Kupfer 0,047mg, Magnesium 25mg, Phosphor 65mg, Selen 0,3µg, Zink 0,46mg

7. Lebensquelle

Hier kommt ein gesundes und appetitliches Saftrezept, das dir beim Abnehmen hilft. Rote Beeten sind sehr nützlich, die Leber zu reinigen. Das bedeutet, die Leber wird helfen, Fett effektiver zu verstoffwechseln. Die Leber wird einen zusätzlichen Kick von den Karotten erhalten, die starke Eigenschaften besitzen, um sie zu entgiften. Sie bauen zudem überschüssige Flüssigkeit ab, die sich im Körper befinden. Orangen haben 59 Kalorien pro Frucht. Sie sind fettfrei und reich an Ballaststoffen. Sie helfen wirklich, zusätzliche Kilos zu verlieren. Es können nur gute Resultate aus dem Genuss dieses Saftes entwachsen.

- Apfel: mächtiges, natürliches Antioxidans
- Rote Beete: bekämpft Entzündungen
- Karotten: reduzieren das Risiko von Lungen-krebs
- Petersilie: exzellenter Blutreiniger
- Orange: liefert wichtige Kohlehydrate

Zutaten:

- Apfel - 1 mittlerer 180g
- Rote Beete - 1/2 Rübe 40g
- Karotten - 3 mittlere 170g

- Petersilie - 1 Handvoll 40g

- Orange (geschält) - 1 mittlere 140 g

Zubereitung:

- **Wasche alle Zutaten. Schäle sie, wenn nötig.**

- **Verarbeite sie alle zusammen zu einem großartigen Saft.**

Gesamtsumme an Kalorien: 110

Vitamine: Vitamin A 1012µg, Vitamin C 34,8mg, Calcium 109mg, Eisen 2,38mg, Vitamin B-6 0,14mg, Vitamin E 1,24mg, Vitamin K 305,2µg

Mineralien: Kupfer 0,127mg, Magnesium 32mg, Phosphor 88mg, Selen 0,4µg, Zink 0,67m

8. Bananenbombe

Lass uns sehen, ob dieser köstliche Saft, deine Bedürfnisse erfüllt. Das gute an Säften ist, dass sie dir alle Nährstoffe geben, die du brauchst. Die Idee dahinter ist, dass du weniger isst und ein geringeres Verlangen nach Junk Food verspürst. Sellerie hat einen hohen Calcium-Gehalt und hilft, den Bluthochdruck zu kontrollieren. Vergiss nicht, dass Ingwer dir hilft, fettiges Essen zu verdauen und Zitronensaft einem Getränk beizumischen wird dir helfen, den Gewichtsverlust zu beschleunigen. Genieß diesen Saft, wann immer du willst. Er kann leicht jeglichen Snack ersetzen.

- Bananen: unterstützen die Gesundheit des Herzens
- Kohl: reich an Sulfur, das Schönheits-Mineral
- Sellerie: beinhaltet gute Salze
- Apfelessig: tötet Pathogene, inklusive Bakterien
- Ingwerwurzel: kontrolliert den Blutdruck
- Trauben: reduzieren das Risiko von Krebs

Zutaten:

- Banane (geschält) – 1 mittlere 150g
- Kohl (rot) – ¼ Kopf, mittelgroß 201 g

- Sellerie – 2 Stängel, 142g
- Apfelessig – 1 EL 14.9g
- Ingwerwurzel – 1 Daumen breit 24g
- Trauben – 14 Trauben 80g

Zubereitung:

- **Wasche alle Zutaten. Schäle sie, wenn nötig.**
- **Verarbeite sie alle zusammen zu einem großartigen Saft.**

Gesamtsumme an Kalorien: 130

Vitamine: Vitamin A 108µg, Vitamin C 98mg, Vitamin B-6 0,429mg, Vitamin E 0,64mg, Vitamin K 74,3µg, Niacin 1,202mg, Calcium 142mg

Mineralien: Kupfer 0,211mg, Magnesium 54mg, Phosphor 107mg, Selen 1,2µg, Zink 0,4mg

9. Erfrischungsgetränk

Unser moderner Lebensstil führt dazu, dass wir oftmals falsche Entscheidungen treffen, was die Ernährung betrifft. Hier kommt ein Saftrezept, das nur wenige Minuten Zubereitungszeit benötigt und dir einen gesunden Start in den Tag bereiten wird. Pfirsiche sind kalorienarm, daher helfen sie dir an einer reduzierten Kaloriendiät festzuhalten. Basilikumblätter sind eine großartige Quelle für Ballaststoffe. Außerdem haben sie einen Ruf für ihren Gewicht reduzierenden Effekt.

- Basilikum: reduziert Entzündungen und Schwellungen
- Karotten: sind ein mächtiges Antiseptikum
- Pfirsiche: verringern das Risiko von Krebs
- Apfel: schützt Neuronen vor oxidativem Stress

Zutaten:

- Basilikum (frisch) - 3 Blätter 1,5g
- Karotten - 14 mittlere 854g
- Pfirsiche - 5 mittlere 750g
- Apfel -1 mittleren 180 g

Zubereitung:

- **Wasche alle Zutaten. Schäle sie, wenn nötig.**
- **Verarbeite sie alle zusammen zu einem großartigen Saft.**

Gesamtsumme an Kalorien: 352

Vitamine: Vitamin A 4079µg, Vitamin C 75mg, Calcium 208mg, Vitamin B-6 0,911mg, Vitamin E 5,83mg, Vitamin K 76,9µg, Cholin 56,2mg

Mineralien: Kupfer 0,621mg, Magnesium 102mg, Phosphor 290mg, Selen 1,1µg, Zink 2,25mg

10. Früchteexpress-Saft

Das ist ein großartiger Saft, der dir helfen wird, die Pfunde oder Kilos purzeln zu lassen und der deine Energie verbessern wird. Die Zutaten, die in diesem Rezept verwendet werden, werden dir bei deiner Verdauung helfen, indem sie die Verdauungssäfte anregen und dein Cholesterin senken. Wenn du zwei Äpfel pro Tag isst, verringert das deinen Cholesterin um nahezu 17 Prozent, das sagt also alles. Nicht zu vergessen, dass sie voller Nährstoffe sind und die konsumierten Kalorien sehr gering sind. Du erzielst als die gleichen Ergebnisse wie bei einer Mahlzeit, aber nimmst eigentlich weniger Kalorien zu dir. Es ist definitiv ideal um abzunehmen.

- Äpfel: reduzieren das Risiko eines thrombotischen Schlaganfalls
- Karotten: reinigen den Körper
- Zitrone: stärken die Leber
- Pfirsiche: unterstützen die Gesundheit des Herzens
- Banane: senkt den Blutdruck

Zutaten:

- Äpfel - 1 großer 200g
- Karotten – 8 mittlere 500g

- Zitrone (äußere Schale abgeschnitten) - 1/2 Frucht 40g
- Pfirsiche - 2 große 300g
- Banane (geschält) - 1 mittlere 150g

Zubereitung:

- **Wasche alle Zutaten. Schäle sie, wenn nötig.**
- **Verarbeite sie alle zusammen zu einem großartigen Saft.**

Gesamtsumme an Kalorien : 410

Vitamine: Vitamin A 3128µg, Vitamin C 109,8mg, Calcium 194mg, Vitamin B-6 0,819mg, Vitamin E 4,44mg, Vitamin K 54,3µg, Cholin 55,7mg

Mineralien: Kupfer 0,412mg, Magnesium 94mg, Phosphor 206mg, Selen 1,2µg, Zink 1,37mg

11. Goldsaft

Das ist der perfekte Saft für dich, wenn du nach etwas Ausschau hältst, was dir eine schmalere Taille verleiht. Einer der Vorteile Grünkohl zu verwenden besteht darin, dass er dir einen großen Ernährungsschub verleiht mit weniger Kalorien pro Tasse. Sellerie hilft dir, deine Nervosität zu beruhigen, weil es einen hohen Calcium-Anteil hat und dir helfen wird, deinen Blutdruck unter Kontrolle zu halten. Es senkt außerdem aufgrund des Pektins, das in Äpfeln vorkommt, das Cholesterin. Dieser Saft erweist sich also als wahrer Freund während des Abnehmens.

- Apfel: reduziert das Risiko an Krebs, Diabetes und Herzkrankheiten zu leiden
- Sellerie: sorgt für bis zu 10 Prozent des täglichen Bedarfs an Vitamin A
- Gurke: hilft, Diabetes vorzubeugen, den Cholesterin zu senken und den Blutdruck zu kontrollieren
- Ingwerwurzel: sehr effektiv, Symptome einer gastrointestinalen Erkrankung zu mildern
- Grünkohl: ist ein gutes anti-Entzündung Essen
- Zitrone: hilft, das Immunsystem aufrecht zu erhalten

Zutaten:

- Äpfel - 2 mittlere   364g
- Sellerie - 2 Stangen, 128g
- Gurke – 1 Gurke 290g
- Ingwerwurzel - 1 Daumen breit 20g
- Grünkohl - 4 Blätter (20-28 cm) 120g
- Zitrone - 1/2 Frucht 40g

Zubereitung:

- **Wasche alle Zutaten. Schäle sie, wenn nötig.**
- **Verarbeite sie alle zusammen zu einem großartigen Saft.**

Gesamtsumme an Kalorien: 215

Vitamine: Vitamin B-6 0,77mg, Vitamin E 1,09mg, Niacin 2,637mg, Thiamin 0,315mg, Vitamin K 1128,7µg

Mineralien: Kupfer 2,47mg, Magnesium 119mg, Phosphor 207mg, Zink 1,65mg

12. Energiewunder

Wenn du nach einem Saft suchst, der dir bei deiner Diät oder beim Abnehmen helfen wird, solltest du diesen in Betracht ziehen. Rote Beeten sind eine großartige Möglichkeit, nicht nur dein Blut, sondern auch deine Leber zu reinigen. Das ist sehr gut, denn es hilft, Fett zu verbrennen, so dass du es schneller los wirst. Karotten helfen dir, überschüssige Flüssigkeiten deines Körpers loszuwerden, dadurch wird die Wassereinlagerung reduziert, ins-besondere für Frauen. Du wirst einen Energieschub bekommen aufgrund des hohen Anteils an Ballaststoffen und es wird eine gesunde Art sein, deinen Körper anzuheizen.

- Rote Beete: gut, um deine Kondition zu verbessern
- Kohl: reich an Vitamin K, hilft bei mentalen Funktionen und Aufmerksamkeit
- Karotten: verhindern Herzerkrankungen
- Zitrone: nimmt die Rolle des Blutreinigers an
- Orange: schütz die Haut
- Ananas: verhindert Asthma
- Spinat: eine der besten Quellen für Kalium

Zutaten:

- Rote Beete- 1 Rübe 155g
- Kohl (rot) - 2 Blätter 40g
- Karotten - 2 mittlere 143g
- Zitrone - 1/2 Frucht 40g
- Orange - 1 Frucht 121g
- Ananas - 1/3 Frucht 206g
- Spinat - 2 Handvoll 50g

Zubereitung:

- **Wasche alle Zutaten. Schäle sie, wenn nötig.**
- **Verarbeite sie alle zusammen zu einem großartigen Saft.**

Gesamtsumme an Kalorien: 195

Vitamine: Vitamin B-6 0,60mg, Vitamin E 1,58mg, Vitamin K 149,6µg, Cholin 43.8mg, Folate 261µg, Niacin 2,136mg

Mineralien: Kupfer 0,317mg, Magnesium 97mg, Phosphor 131mg, Selen 2,1µg, Zink 1,22mg

13. Erfrischender Saft

Rote Beete helfen, deinen Körper zu entgiften. Daher ist dieser Saft perfekt für ein Abnehm-Programm. Zitronensaft zu trinken hilft dir, Seele und Körper zu entspannen, indem der Stress reduziert wird. Karotten leisten gute Arbeit, indem sie die Produktion deiner weißen Blutzellen anregen, was dir dabei hilft, dein Immunsystem zu stärken. Das führt letzten Endes zu einem stärkeren Körper.

- Äpfel: sind sehr reich an wichtigen Antioxidantien
- Rote Beete: haben einen anti –Krebs-Effekt
- Karotten: hohes Maß an Beta-Karotinen, was als Antioxidans fungiert um Zellschafen zu verhindern
- Zitrone: fördert die Produktion von Verdauungssäften
- Orange: kämpft gegen virale Infektionen

Zutaten:

- Apfel – 1 mittlerer 152g
- Rote Beete – 1 Rübe 165g
- Karotte – 10 mittlere 560g
- Zitrone – ½ Frucht 40g

- Orangen (geschält) – 2 Früchte 242g

Zubereitung:

- **Wasche alle Zutaten. Schäle sie, wenn nötig.**
- **Verarbeite sie alle zusammen zu einem großartigen Saft.**

Gesamtsumme an Kalorien: 275

Vitamine: Vitamin B-6 0,945mg, Vitamin E 4,01mg, Vitamin K 60,8µg, Cholin 71,4mg, Folate 233µg, Niacin 5,101mg

Mineralien: Kupfer 0,40mg, Magnesium 107mg, Phosphor 243mg, Selen 2,3µg, Zink 1,81mg

14. Geschmackvoller Zitronensaft

Zitrone einem Getränk beizufügen wird dir beim Abnehmen helfen. Dieses Saftrezept eignet sich hervorragend für eine Diät. Zitronen helfen, den Bluthochdruck unter Kontrolle zu halten und sind außerdem ein guter Vitamin C Lieferant. Am besten nimmst du den Saft nach dem Abendessen zu dir und kombinierst ihn mit einem aktiven Lebensstil. Alle Zutaten werden dir helfen, dein Cholesterin zu senken und werden alle deine Verdauungsstörungen beheben.

- Heidelbeere: neutralisiert freie Radikale, die Krankheit und Alterung verursachen

- Zitrone: hilft Calcium- und Sauerstoff-Gehalt in der Leber in Balance zu halten

- Granatapfel: regeneriert Zellen

Zutaten:

- Heidelbeere - 1 Tasse 128g

- Zitrone - 1/4 Frucht 20g

- Granatapfel - 1 Granatapfel 262g

Zubereitung:

- **Wasche alle Zutaten.**

- **Der Granatapfel muss nicht geschält werden. Dadurch sparst du Zeit und der Geschmack wird großartig sein.**

- **Verarbeite sie alle zusammen zu einem großartigen Saft.**

Gesamtsumme an Kalorien:168

Vitamine: Vitamin A 3µg, Vitamin C 27mg, Vitamin B-6 0,209mg, Vitamin E 1,6mg, Vitamin K 49,4µg, Cholin 21mg, Folate 63µg

Mineralien: Kupfer 0,346mg, Magnesium 28mg, Phosphor 76mg, Selen 1,2µg, Zink 0,57mg

15. "Fühl dich lebendig"-Saft

Das ist ein wundervoller Saft für alle von euch, die Pfefferminze mögen. Ingwer spielt eine wichtige Rolle den LDL-Wert zu senken, weil die Schärfe in ihm das gesamte Cholesterin senkt, was absorbiert wird. Es hilft außerdem bei der Verdauung von fettigem Essen und baut Proteine ab. Orangen haben einen alkalischen Effekt im Verdauungssystem, was deine Verdauungssäfte anregt. Dadurch wird dein Stoffwechsel aktiver. Versuch es. Es wird dir helfen, deine hartnäckigen Kilos und Pfunde loszuwerden.

- Fenchel: ist reich an herzfreundlichem, elektrolytischem Kalium
- Ingwerwurzel: beinhaltet gesundheits-fördernde essentielle Öle
- Zitrone: hält den pH-Wert im Körper im Gleichgewicht
- Orange: reduziert das Risiko von Leberkrebs
- Pfefferminze: verhindert das Wachstum von Prostata-Krebs

Zutaten:

- Fenchel (Knolle und Wedel) - 1 Knolle 200g
- Ingwerwurzel - 1/2 Daumen breit 14g
- Zitrone - 1/2 Frucht 25g
- Orange (geschält) - 1 große 160g
- Pfefferminze - 5 Blätter 0.25g

Zubereitung:

- **Wasche alle Zutaten. Schäle sie, wenn nötig.**
- **Verarbeite sie alle zusammen zu einem großartigen Saft.**

Gesamtsumme an Kalorien: 84

Vitamine: Vitamin A 14µg, Vitamin C 79,4mg, Vitamin B-6 0,144mg, Folate 66µg, Niacin 1,358mg, Riboflavin 0,101mg

Mineralien: Kupfer 0,173mg, Magnesium 36mg, Phosphor 96mg, Selen 2mg, Zink 0,41mg

16. Apfelherzsaft

Dieser Saft macht dich gesünder und schlanker zur gleichen Zeit. Nährstoffe von Säften werden leicht von deinem Körper absorbiert und führen zu einem schnelleren Stoffwechsel. Äpfel helfen dir, dein Cholesterin zu senken aufgrund der Pektine, die sie enthalten. Zitronen sind immer gut, wenn man Fett in seinem Körper vernichten will. Denk an diesen Saft als einen Freund, der dir helfen will, etwas Gewicht zu verlieren.

- Apfel: verhindert Brustkrebs
- Cranberrys: reduzieren das Risiko von kardiovaskulären Erkrankungen
- Ingwerwurzel: hat entzündungshemmende Effekte
- Zitrone: verhindert die Entstehung von Falten und Akne

Zutaten:

- Äpfel - 3 mittlere 500g
- Cranberrys - 1/2 Tasse 50g
- Ingwerwurzel - 1/4 Daumen breit 6g
- Zitrone - 1/2Frucht 42g

Zubereitung:

- **Wasche alle Zutaten. Schäle sie, wenn nötig.**
- **Verarbeite sie alle zusammen zu einem großartigen Saft.**

Gesamtsumme an Kalorien: 204

Vitamine: Vitamin A 23µg, Vitamin C 101,5mg, Eisen 0,68mg, Vitamin B-6 0,214mg, Vitamin E 1,19mg, Vitamin K 9,2µg, Calcium 76mg

Mineralien: Kupfer 0,193mg, Magnesium 35mg, Phosphor 61mg, Selen 0,7µg, Zink 0,25mg

17. Jederzeit-Saft

Fett zu verlieren ist ein Resultat von Genuss natürlicher Säfte. Hier kommt ein Rezept, das du wirklich mögen wirst. Der größte Vorteil von Ingwer besteht darin, dass es deine Verdauung des fettigen Essens anregt und Proteine abbaut. Spinat hat einen hohen Anteil an Ballaststoffen. Das hilft dir mehr Energie bei weniger Kalorien zu erhalten. Sellerie wird von vielen als negative-Kalorien-Frucht angesehen und indem du Sellerie in deine Ernährung einfügst, wirst du deine Gewichtsverluste erhöhen ohne große Anstrengungen. Schmecke es, fühle es und lass dir bei deiner täglichen Abnehm-Routine helfen.

- Äpfel: reduzieren das Risiko von Schlaganfall
- Sellerie: unterstützt die Verdauung
- Gurke: entlässt schlechten Atem
- Ingwerwurzel: hat einen antimikrobiellen Effekt
- Zitrone: erhält die Gesundheit der Augen
- Limone: exzellenter Gewichtsreduzierer
- Spinat: Krebs-Prävention

Zutaten:

- Äpfel - 2 mittlere 350g
- Sellerie - 3 Stangen, groß 182g
- Gurke - 1 Gurke 300g
- Ingwerwurzel - 1/2 Daumen breit 10g
- Zitrone (mit Schale) - 1/2 Frucht 41g
- Limone (mit Schale) - 1 Frucht 65g
- Spinat - 2 Tassen 50g

Zubereitung:

- **Wasche alle Zutaten. Schäle sie, wenn nötig.**
- **Verarbeite sie alle zusammen zu einem großartigen Saft.**

Gesamtsumme an Kalorien: 185

Vitamine: Vitamin A 648µg, Vitamin C 198,9mg, Calcium 304mg, Vitamin B-6 0,422mg, Vitamin E 2,39mg, Vitamin K 1904,6µg, Niacin 2,607mg

Mineralien: Kupfer 0,395mg, Magnesium 129mg, Phosphor 201mg, Selen 1,9µg, Zink 2,04mg

18. Zitroniger Apfelsaft

Saft zu trinken ist eine gute Art konzentrierte Nährstoffe in den Körper aufzunehmen. Das nächste Rezept ist großartig, es hilft unserem Verdauungssystem besser zu funktionieren, indem es den Magen und die Nieren reinigt. Das wiederum mündet in einem stärkeren Körper. Dieser Saft wird aufgrund seiner speziellen Zutaten dein Cholesterin senken. Wassermelonensaft verhindert die Verstopfung der Arterien und zur gleichen Zeit senkt es den HDL-Wert, das gute Cholesterin. Den Saft kann man am besten vor jeglicher Art von Training einnehmen. Es ist ein ausgezeichneter Energielieferant.

- Zitrone: unterstützt die Produktion von Verdauungssäften
- Tomaten: hält den Blutdruck unter Kontrolle
- Wassermelone: verhindert Asthma
- Apfel: verbessert die neurologische Gesundheit

Zutaten:

- Zitrone - 1/2 Frucht 40g
- Tomaten - 1 große, ganz 171g
- Wassermelone - 1 großes Stück 560g

- Apfel – 1 mittleren 175g

Zubereitung:

- **Wasche alle Zutaten. Schäle sie, wenn nötig.**
- **Verarbeite sie alle zusammen zu einem großartigen Saft.**

Gesamtsumme an Kalorien: 135

Vitamine: Vitamin A 176µg, Vitamin C 68,5mg, Vitamin B-6 0,326mg, Vitamin E 0,98mg, Vitamin K 11,5µg, Calcium 58mg, Eisen 1,70mg

Mineralien: Kipfer 0,264mg, Magnesium 57mg, Phosphor 69mg, Selen 1,6µg, Zink 0,61mg

19. Grüne-Power-Saft

Säfte sind gut um die Körpergesundheit aufrecht zu erhalten und helfen uns in Form zu bleiben. Jedes Mal wenn du Essen pürierst wie Gemüse oder Früchte, können sie viel leichter absorbiert werden. Das bedeutet all die vitalen Nährstoffe werden besser und schneller vom Körper absorbiert als Vitamine oder andere Nahrungsergänzungsmittel. Karotten bauen überschüssige Flüssigkeiten deines Körpers ab und aufgrund des Vitamins A und der Beta-Karotine, können Karotten das Risiko an verschiedenen Krebsarten zu erkranken vermindern. Es ist eine großartige Art und Weise deinen Körper zu schützen und zu ernähren mit nur einem Getränk.

- Apfel: senkt die Werte des schlechten Cholesterins
- Kohl: hilft, den Körper zu entgiften
- Karotten: verhindert Herzerkrankungen
- Ingwerwurzel: beinhaltet gesundheits-förderliche, essentielle Öle
- Spinat: trägt zu Gesundheit der Knochen bei

Zutaten:

- Äpfel - 2 mittlere 364g

- Kohl (rot) - 1/4 Kopf, 140g

- Karotten - 4 mittlere 244g

- Ingwerwurzel - 1/2 Daumen breit 10g

- Spinat - 4 Hand voll 100g

Zubereitung:

- **Wasche alle Zutaten. Schäle sie, wenn nötig.**

- **Verarbeite sie alle zusammen zu einem großartigen Saft.**

Gesamtsumme an Kalorien: 200

Vitamine: Vitamin A 1818µg, Vitamin C 120mg, Vitamin B-6 0,73mg, Vitamin E 3,2mg, Vitamin K 404,1µg, Calcium 198mg, Niacin 2,936mg

Mineralien: Kupfer 0,288mg, Magnesium 111mg, Phosphor 161mg, Selen 1,7µg, Zink 1,15mg

20. In den Morgen Starter

Menschen bedürfen wahrhaft einer gesunden Alternative für künstliches Essen und Fertiggericht. Zu viele Menschen nehmen zu, weil sie nicht kontrollieren können, wie viel sie essen. Gewisse Proteine, die in Spinat enthalten sind, sind förderlich den Bluthochdruck zu senken. Das Pektin in Äpfel, Birnen und Karotten senkt das Cholesterin. Ingwer verstärkt die Blutzirkulation und aufgrund dieses tollen Getränks bekommst du einen hohen Anteil an Fructose und Glucose. Dadurch wird sichergestellt, dass du die notwendige Energie für einen aktiven Tag hast. Dieser Saft kann am Morgen oder nach dem Mittagessen genossen werden. Er ist ein super Getränk, wenn du versuchst höher wertiges Essen zu dir zu nehmen.

- Äpfel: reduziert das Risiko von Diabetes
- Karotten: machen eine gesunde und schimmernde Haut
- Gurke: reduziert Cholesterin und kontrolliert den Blutdruck
- Ingwerwurzel: hilft, die Darmmotilität zu verbessern
- Birne: förderlich für die Gesundheit deines Dickdarms

- Spinat: verhindert Verstopfung und sorgt für einen gesunden Verdauungstrakt

Zutaten:

- Apfel - 1 mittlerer 180g
- Karotten - 5 mittlere 300g
- Gurke - 1 Gurke 300g
- Ingwerwurzel - 1 Daumen breit 24g
- Birne - 1 mittlere 165g
- Spinat - 2 Hand voll 50g

Zubereitung:

- **Wasche alle Zutaten. Schäle sie, wenn nötig.**
- **Verarbeite sie alle zusammen zu einem großartigen Saft.**

Gesamtsumme an Kalorien: 211

Vitamine: Vitamin A 1863µg, Vitamin C 60,9mg, Vitamin B-6 0,545mg, Vitamin E 2,37mg, Vitamin K 220,1µg, Calcium 151mg, Eisen 2,8mg

Mineralien: Kupfer 0,408mg, Magnesium 104mg, Phosphor 164mg, Selen 1,2µg, Zink 1,28mg

21. Einfach Sellerie

Einen Saft herzustellen ist eine Kunst, die darin besteht, die Flüssigkeit und Nährstoffe von Früchten oder Gemüse zu extrahieren. Es hilft, Energie und Vitalität zu erzeugen, wie es normalerweise Pillen tun. Dieses Rezept wird die Geschwindigkeit verbessern, mit der du Gewicht verlierst. Zur gleichen Zeit liefert es dir alle täglichen Vitamine und Mineralien, die dein Körper braucht. Der menschliche Körper besteht zu 75% aus Wasser, für eine richtige Funktion von Verdauung und Entgiftung beträgt die empfohlene tägliche Menge ungefähr 2,5 Liter. Wasser ist ein starkes Element, wenn du Gewicht verlieren willst. Daher musst du dich darauf konzentrieren viel davon zu trinken. Indem du diesen Saft machst, bekommst du eine konzentrierte Portion des täglichen Flüssigkeitsbedarf, den dein Körper braucht. Zusammen mit Nähr- und Ballaststoffen, die dich den ganzen Tag mit einem Energieschub versorgen.

- Äpfel: reduzieren das Risiko von Diabetes
- Sellerie: reduzieren Entzündungen
- Mandarine: heilt Schnitte, Wunden
- Zutaten:
- Äpfel - 2 große 440g

- Sellerie - 8 Stangen, große 510g

- Mandarine (geschält) - 1 kleine 76g

Zubereitung:

- **Wasche alle Zutaten. Schäle sie, wenn nötig.**

- **Verarbeite sie alle zusammen zu einem großartigen Saft.**

Gesamtsumme an Kalorien: 180

Vitamine: Vitamin A 101µg, Vitamin C 57,2mg, Calcium 162mg, Vitamin B-6 0,427mg, Vitamin E 1,5mg, Vitamin K 101,7µg, Choline 30mg

Mineralien: Kupfer 0,217mg, Magnesium 61mg, Phosphor 127mg, Selen 1,3µg, Zink 0,45mg

22. Reich an Energie

Dieser Saft beinhaltet eine hohe Konzentration an Kalium und Phosphor, die für eine normale Körperfunktion notwendig sind. Tomatensaft liefert sehr viele Antioxidantien und verbessert außerdem dein Verdauungssystem. Der hohe Gehalt an Vitamin C in diesem Saft bewahrt die strukturelle Unversehrtheit deiner Knochen. Knoblauch wertet jedes Rezept auf, weil es einen wenig-Kalorien/hohe-Ballaststoffe-Verhältnis hat, das genau das ist, was du brauchst, wenn du Körperfett reduzieren willst.

- Gurken: kämpfen gegen Krebs
- Knoblauch : bereinigt freie Radikale
- Petersilie : guter Immunitäts-Schub
- Pfeffer : hilft bei Allergien
- Tomaten: reduziert das Risiko vom Prostata Krebs

Zutaten:

- Gurke - 1 Gurke 300g
- Knoblauch (Frühlingszwiebel) - 1 mittlere 15g
- Petersilie - 1 Hand voll 40g
- Pfeffer (süß, rot) - 1/2 mittel 55g

- Tomaten - 2 kleine 180g

Zubereitung:

- **Wasche alle Zutaten. Schäle sie, wenn nötig.**
- **Verarbeite sie alle zusammen zu einem großartigen Saft.**

Gesamtsumme an Kalorien: 68

Vitamine: Vitamin A 260µg, Vitamin C 126mg, Calcium 102mg, Vitamin B-6 0,412mg, Vitamin E 2,06mg, Vitamin K 522,6µg, Calcium 90mg

Mineralien: Kupfer 0,252mg, Magnesium 71mg, Phosphor 114mg, Selen 0,7µg, Zink 1,12mg

23. Süße Karotte

"Süße Karotte" wird dir helfen, deinen Körper gesund zu halten und gleichzeitig Gewicht zu verlieren. Paprikasaft senkt dein Cholesterin signifikant. Karotten enthalten Beta-Karotine, die das Risiko von Krebs verringern. Die hohe Menge an Vitaminen und Mineralien, die in Säften enthalten sind, werden definitiv die Geschwindigkeit erhöhen, mit der du Fett los wirst und schlanker aussiehst.

- Karotten: stocken die tägliche Vitamine auf
- Sellerie: unterstützt die Verdauung
- Gurke: reich an Vitamin B
- Petersilie: guter Blutbildner
- Pfeffer: hilft dank des Cayenne, Speichel zu produzieren
- Tomaten: Folsäure in Tomaten kann bei Depression helfen

Zutaten:

- Karotten - 2 große 144g
- Sellerie - 3 Stangen, große 192g
- Gurke - 1/2 Gurke 150.5g

- Petersilie - 2 Hand voll 80g

- Pfeffer (süß, grün) - 1/2 mittlere 58g

- Tomaten - 3 mittlere 360g

Zubereitung:

- **Wasche alle Zutaten. Schäle sie, wenn nötig.**

- **Verarbeite sie alle zusammen zu einem großartigen Saft.**

Gesamtsumme an Kalorien: 107

Vitamine: Vitamin A 1227µg, Vitamin C 142,3mg, Vitamin B-6 0,642mg, Vitamin E 3,15mg, Vitamin K 1013,3µg, Calcium 212mg, Eisen 5,55mg

Mineralien: Kupfer 0,416mg, Magnesium 105mg, Phosphor 200mg, Selen 1,1µg, Zink 1,80mg

24. Limonengenuss

"Limonengenuss" vereinigt natürliche Früchte und Gemüse in einem einzigen Getränk, das dich energiegeladen und bereit für einen neuen Tag macht. Pektin, welches in Äpfeln vorkommt, kann dein Cholesterin um mehr als 15 Prozent senken. Außerdem verbessern Paprika deinen Stoffwechsel, indem sie Triglyceride senken, was in der Tat einen Unterschied macht, wenn du abnehmen willst. Du solltest diesen Saft konsumieren, um damit deinen Tag zu beginnen und spüre den Unterschied bis zum Ende des Tages.

- Äpfel: helfen beim Abnehmen
- Koriander: sehr reich an diversen Antioxidantien
- Gurken: erlösen dich von Mundgeruch
- Limone: flutet Gifte aus
- Pfeffer: Heilmittel bei Zahnschmerzen

Zutaten:

- Äpfel - 2 mittlere 360g
- Koriander - 1 Bündel 90g
- Gurken - 2 Gurken 600g

- Limone (mit Schale) - 1/2 Frucht 30g

- Pfeffer (süß, grün) (Kerne entfernt) - 1/2 mittlere 56g

Zubereitung:

- **Wasche alle Zutaten. Schäle sie, wenn nötig.**

- **Verarbeite sie alle zusammen zu einem großartigen Saft.**

Gesamtsumme an Kalorien: 179

Vitamine: Vitamin A 244µg, Vitamin C 79,2mg, Vitamin B-6 0,442mg, Vitamin E 2,1mg, Vitamin K 227,6µg, Calcium 128mg, Eisen 2,68mg

Mineralien: Kupfer 0,419mg, Magnesium 80mg, Phosphor 153mg, Selen 1,8µg, Zink 1,25mg

25. Farbenfroher Saft

Ich denke, Abnehmen kann für jeden eine Herausforderung sein, der nicht kontrollieren kann, wie und was er isst. Aber mit Durchhaltevermögen und einer ernsthaften Einstellung kannst du alles erreichen. „Farbenfroher Saft" wird dir helfen deinem Ziel näher zu kommen. Spargel beinhaltet 3 Gramm Ballaststoffe, die schnell das Verdauungssystem reinigen werden. Sellerie hilft beim Verlangen nach Süßigkeiten ab und kontrolliert Bluthochdruck. Er beinhaltet Probiotika, die selektiv das Wachstum freundlicher Bakterien im Darm stimulieren, was die Verdauung unterstützt. Nicht zu vergessen der hohe Anteil an Nährstoffen, der viel schneller absorbiert wird. Das ist ein Saft, den man trinken muss, wenn du ernsthaft versuchst in Form zu kommen.

- Spargel: reichhaltig an Nährstoffen
- Karotten: Vitamin A unterstütz die Leber die Toxine aus dem Körper herauszuwaschen
- Sellerie: nur wenige Kalorien, gute Wahl um abzunehmen
- Apfel: reguliert den Blutzucker

Zutaten:

- Spargel- 4 Stangen, mittlere 60g

- Karotten - 3 große 216g

- Sellerie - 2 Stangen, große 128g

- Apfel – 1 mittlere 180g

Zubereitung:

- **Wasche alle Zutaten. Schäle sie, wenn nötig.**

- **Verarbeite sie alle zusammen zu einem großartigen Saft.**

Gesamtsumme an Kalorien: 71

Vitamine: Vitamin A 1259µg, Vitamin C 14,1mg, Calcium 87mg, Eisen 1,40mg, Vitamin B-6 0,302mg, Vitamin E 1,55mg, Vitamin K 61,5µg

Mineralien: Kupfer 0,173mg, Magnesium 31mg, Phosphor 81mg, Selen 1,3µg, Zink 0,61mg

26. Ferien-Saft

Saft zu machen ist lustig und eine einfache Art um Früchte und Gemüse in deinen Ernährungsplan aufzunehmen. Dieses Rezept ist sowohl gesund als auch lecker. Ein großer Vorteil um Grünkohl in deinem Saft hinzu zu fügen, ist, dass er eine große Menge an Nährstoffen liefert mit einem der niedrigsten Kalorienwerte pro Tasse aller Gemüsearten. Das bedeutet, er lässt dich schneller schlanker aussehen. Zitronensaft hilft das Cholesterin zu senken und Fett loszuwerden. Du solltest diesen Saft 30 Minuten vor einer Mahlzeit einnehmen um das Beste daraus zu erhalten.

- Äpfel: beinhalten Pektin und senken den LDL-Wert (schlechtes Cholesterin)

- Sellerie: hilft, den Bluthochdruck zu kontrollieren

- Gurke: enthält Silikate, essentielle Komponente eines gesunden Bindegewebes

- Ingwerwurzel: verbessert Effekte auf die zu verdauenden Alimente

- Grünkohl: unterstützt das gesunde Immunsystem

- Zitrone: unterstützt die Heilung bei Atemproblemen

- Orange: stimuliert die weißen Zellen um eine Entzündung zu bekämpfen

Zutaten:

- Äpfel - 3 mittlere 540g
- Sellerie - 3 Stangen, große 190g
- Gurke - 1/2 Gurke150. 5g
- Ingwerwurzel - 1/2 Daumen breit 10g
- Grünkohl - 4 Blätter 140g
- Zitrone - 1 Frucht 50g
- Orange (geschält, entkernt) - 1 große 180g

Zubereitung:

- **Wasche alle Zutaten. Schäle sie, wenn nötig.**
- **Verarbeite sie alle zusammen zu einem großartigen Saft.**

Gesamtsumme an Kalorien: 295

Vitamine: Vitamin A 531µg, Vitamin C 212,8mg, Calcium 294mg, Eisen 2,69mg, Vitamin B-6 0,627mg, Vitamin E 1,3mg, Vitamin K 735,8g

Mineralien: Kupfer 1,664mg, Magnesium 103mg, Phosphor 211mg, Selen 2,4µg, Zink 1,19mg

27. Spinat-Power

"Spinat Power" kann einen Snack ersetzen oder aber ein Teil deines morgendlichen Frühstücks, wenn du sehr hungrig bist. Es ein sehr guter Energielieferant und reich an Nährstoffen. Um einen stärkeren Körper zu haben, müssen alle Körperfunktionen richtig arbeiten. Rote Beeten haben bewiesen, dass sie das Blut reinigen und helfen, Fett zu verstoffwechseln. Nicht zu vergessen, dass sie reich an Kohlehydraten sind und damit eine gute Energieressource. Sellerie ist reich an Vitamin C und hat einen hohen Anteil an Ballaststoffen, welche wichtig für den Körper sind.

- Äpfel: sie senken das Risiko Lungenkrebs zu entwickeln

- Rote Beeten: sind ein gutes Behandlungsmittel gegen Leukämie

- Karotten: der Verzehr von Beta-Karotinen reduziert das Risiko verschiedener Krebsarten

- Spinat: senkt tumorartige Zellteilung, z.B. beim Brustkrebs

Zutaten:

- Apfel - 1 mittleren 180g

- Rote Beete - 1 Rübe 175g
- Karotte - 8 mittlere 480g
- Spinat - 3 Tassen 90g

Zubereitung:

- **Wasche alle Zutaten. Schäle sie, wenn nötig.**
- **Verarbeite sie alle zusammen zu einem großartigen Saft.**

Gesamtsumme an Kalorien: 190

Vitamine: Vitamin A 3074µg, Vitamin C 50,5mg, Calcium 218mg, Vitamin B-6 0,765mg, Vitamin E 3,05mg, Vitamin K 368,6µg, Eisen 4,01mg

Mineralien: Kupfer 0,373mg, Magnesium 125mg, Phosphor 215mg, Selen 2,1µg, Zink 1,35mg

28. Gesundheits-Lieferant

Um besser zu leben und dich großartig zu fühlen, musst du dich von Junk Food fernhalten. Dieser Saft wird deinen Körper mit einer Vielzahl an Nährstoffen versorgen, die er benötigt. Mach diesen Saft am Morgen als Energiequelle und er wird dir helfen, deinen Stoffwechsel für den ganzen Tag aktiv zu halten. Cholin, das im Saft von Rote Beete enthalten ist, ist großartig um dein ganzes Verdauungs-system zu entgiften. Eine Karotte pro Tag reduziert das Schlaganfall-Risiko bis zu 68 Prozent, also überleg zweimal, ob du die Gemüse ablehnst. Eine hohe Anzahl an Nährstoffen macht diesen Saft zusammen mit gesundem Essen geeignet um deinen Körper für den ganzen Tag anzuheizen.

- Äpfel: schützen Gehirnzellen vor Schaden durch freien Radikalen, welche zu Alzheimer führen

- Rote Beete: Einzigartige Quelle für Betaine, ein Nährstoff, der Zellen schützt

- Karotten: die große Menge an Beta-Karotine fungiert als Antioxidans für Zellschaden

- Sellerie: reguliert den Säurehaushalt des Körpers

- Ingwerwurzel: hilft bei Arthritis-Problemen

- Gurke: rehydriert den Körper und stockt ihn mit Vitaminen auf

Zutaten:

- Äpfel - 2 mittlere 360g
- Rote Beete - 1 Rübe 175g
- Karotten - 4 mittlere 240g
- Sellerie - 3 Stangen 192g
- Ingwerwurzel - 1/2 Daumen breit 10g
- Gurke - 1/2 Gurke 150g

Zubereitung:

- **Wasche alle Zutaten. Schäle sie, wenn nötig.**
- **Verarbeite sie alle zusammen zu einem großartigen Saft.**

Gesamtsumme an Kalorien: 215

Vitamine: Vitamin A 1370µg, Vitamin C 34,2mg, Vitamin B-6 0,557mg, Vitamin E 2,04mg, Vitamin K 83,1µg, Calcium 160mg, Eisen 2,40mg

Mineralien: Kupfer 0,327mg, Magnesium 84mg, Phosphor 167mg, Selen 1,6µg, Zink 1,25mg

29. Gutes Leben

"Gutes Leben" ist wichtig um eine gute Gesundheit zu bewahren und kann das Abnehmen erleichtern. Er ist einfach vorzubereiten und du bekommst das Maximum an Nutzen, wenn alle Zutaten frisch sind. Rote Beeten sind gut, um deinen Körper anzuheizen und beinhalten Ballaststoffe, die essentiell für deinen Körper sind. Spirulina enthält alle essentiellen Aminosäuren, die der Körper braucht. Das wird definitiv eine reichhaltige Quelle sein, um schlanker auszusehen.

- Rote Beete: nützlich um die Leber zu reinigen
- Sellerie: schützt die Augen und verhindert altersbedingte Sehdegenerationen
- Spinat: hoher Gehalt an Eisen macht ihn zu einem guten Blutbildner
- Spirulina: verbessert die Ausdauer und die Immunität

Zutaten:

- Rote Beete - 1 Rübe 175g
- Sellerie - 2 Stangen, große 128g
- Spinat - 3 Tasse 90g

- Spirulina (getrocknet) - 1 Teelöffel 2,31g

Zubereitung:

- **Wasche alle Zutaten. Schäle sie, wenn nötig.**
- **Verarbeite sie alle zusammen zu einem großartigen Saft.**

Gesamtsumme an Kalorien: 52

Vitamine: Vitamin A 308µg, Vitamin C 23,7mg, Vitamin B-6 0,257mg, Vitamin E 1,45mg, Vitamin K 311,1µg, Calcium 110mg, Eisen 3,12mg

Mineralien: Kupfer 0,291mg, Magnesium 90mg, Phosphor 100mg, Selen 2µg, Zink 0,78m

30. Lass die Kohlköpfe rollen

Säfte gibt es schon seit einer langen Zeit und sind die beste Art und Weise um alle Nährstoffe zu absorbieren, die Früchte und Gemüse anbieten. „Lass die Kohlköpfe rollen" ist einfach vorzubereiten und dank des geringen Kaloriengehalts, wirst du große Resultate sehen, gleich nachdem du den Saft getrunken hast. Die beste Tageszeit um ihn zu trinken ist am Morgen. Dann kannst du den Tag mit einem Energieschub starten, um dich aktiv zu halten.

- Rote Beete: senk den Blutdruck in einer kurzen Zeitspanne
- Karotten: reich an Beta-Karotin
- Orangen: bekämpft virale Infektionen

Zutaten:

- Rote Beete - 1 Rübe 170g
- Karotte - 2 mittlere 120g
- Orangen - 2 Früchte 262g

Zubereitung:

- **Wasche alle Zutaten. Schäle sie, wenn nötig.**

- **Verarbeite sie alle zusammen zu einem großartigen Saft.**

Gesamtsumme an Kalorien: 115

Vitamine: Vitamin A 726µg, Vitamin C 104,6mg, Vitamin B-6 0,29mg, Vitamin E 0,84mg, Vitamin K 11,1µg, Calcium 111mg, Eisen 1,40mg

Mineralien: Kupfer 0,211mg, Magnesium 55mg, Phosphor 102mg, Selen 1,7µg, Zink 0,73mg

31. Lebenskick

Wenn du in Eile bist, ist es einfach, dem Verlangen nach abgepackten und fertig zubereiteten Essen, welches im Supermarkt angeboten wird, zu erliegen, einfach nur weil sie einfach zu bekommen sind. Aber der leichtere ist langfristig nicht immer der beste Weg. Der einfachste Weg einen gesunden Tagessnack zu haben, der dich mit allen Vitaminen versorgt, ist ein Getränk. Dieser Saft ist vollgepackt mit vitalen Zutaten, die dein Immunsystem verbessern und deinen Körper mit allem auffüllen, was er braucht, um ordentlich und effizient zu funktionieren.

- Rote Beete : verhindert Krebs
- Karotten : gutes Mittel um die haut vor Sonne zu schützen
- Sellerie : unterstützt Verdauung, verstärkt Gewichtsverlust
- Ingwerwurzel: hat entzündungshemmende Effekte
- Zitrone: kontrolliert und bewahrt den pH-Wert deines Körpers
- Pfeffer: fördert Gewichtsverlust
- Spinat : bewahrt Muskel und Nervenfunktion

Zutaten:

- Rote Beete - 170g
- Karotte - 210g
- Sellerie - 2 Stangen,125g
- Ingwerwurzel - 1 Daumen breit 20g
- Limone - 1/2 Frucht 30g
- Pfeffer (Jalapeno) - 1 Pfeffer 10g
- Spint - 2 Tassen 60g

Zubereitung:

- **Wasche alle Zutaten. Schäle sie, wenn nötig.**
- **Verarbeite sie alle zusammen zu einem großartigen Saft.**

Gesamtsumme an Kalorien: 107

Vitamine: Vitamin A 1457µg, Vitamin C 48,4mg, Vitamin B-6 0,507mg, Vitamin E 2,49mg, Vitamin K 241,1µg, Calcium 155mg, Eisen 3,01mg

Mineralien: Kupfer 0,301mg, Magnesium 96mg, Phosphor 151mg, Selen 2µg, Zink 1,21mg

32. Gewichts-Bekämpfer

"Gewichts-Bekämpfer" wird mit Sicherheit einen Unterschied bei deinem Kampf gegen Fett machen, wenn er nur ein paar Mal die Woche konsumiert wird. Diese Früchte und Gemüse haben aufgrund der Rüben und Wurzeln einiges zu bieten. Futterrüben sind die Blätter, die mit der Beete kommen, sie haben eine hohe Konzentration an Vitaminen, wenn sie gewaschen und in deinen Saft vermengt werden.

- Apfel: aufgrund des Pektin hilft es beim Abnehmen
- Futterrübe: feuern deine Ausdauer an und bekämpfen Entzündung
- Rote Beete: hat anti-Tumor Effekte
- Karotten: verbessern die Sehkraft und haben einen anti-aging Effekt
- Sellerie: unterstützt die Verdauung aufgrund des hohen Wassergehalts mit unlöslichen Ballaststoffen
- Ingwerwurzel: hat schmerzlindernde Effekte

Zutaten:

- Apfel - 1 große 220g
- Futterrübe (optional) - 3 Blätter 95g

- Rote Beete - 1 Rübe 175g
- Karotten - 4 mittlere 240g
- Sellerie - 1 Stange, große 60g
- Ingwerwurzel - 1/2 Daumen breit 10g

Zubereitung:

- **Wasche alle Zutaten. Schäle sie, wenn nötig.**
- **Verarbeite sie alle zusammen zu einem großartigen Saft.**

Gesamtsumme an Kalorien: 157

Vitamine: Vitamin A 1645µg, Vitamin C 45,1mg, Vitamin B-6 0,4mg, Vitamin E 2,59mg, Vitamin K 307,1µg, Calcium 181mg, Eisen 3,51mg

Mineralien: Kupfer 0,371mg, Magnesium 109mg, Phosphor 162mg, Selen 1,8µg, Zink 1,21mg

33. Morgendliches Frühstück

Es gibt nichts erfrischenderes als einen Energiegetränk am Morgen. Indem man es in die tägliche Routine aufnimmt, verbessert sich dein Durchhaltevermögen und das Abnehmen geht viel schneller als wenn du das Getränk nur einmal im Monat probierst. Der Grund dafür ist der hohe Gehalt an Ballaststoffen und Nährstoffen. „Morgendliches Frühstück" ist sehr kalorienarm, was entzündungshemmend ist, und eines der besten natürlichen Heilmittel.

- Apfel: enthalten natürliche Abführmittel

- Karotten: vollziehen wahre Wunder dem Immunsystem einen Schub zu geben

- Sellerie: beruhigt die Nerven aufgrund des hohen Calcium-Gehalts

- Ingwerwurzel: senkt das LDL-Cholesterin

- Zitrone: gut für Gesundheitsprobleme, weil es Kalium enthält

- Birnen: besitzen Antioxidantien, die hohe Blutdruck verhindern

- Kanadische Gelbwurz: hat mächtige, entzündungshemmende Effekte

Zutaten:

- Äpfel - 2 mittlere 360g
- Karotten - 3 mittlere 180g
- Sellerie - 3 Stangen, große 190g
- Ingwerwurzel - 1 Daumen breit 22g
- Zitrone (geschält) - 2 Früchte 165g
- Birne - 2 mittlere 355g
- Kanadische Gelbwurz - 6 Daumen breit 140g

Zubereitung:

- **Wasche alle Zutaten. Schäle sie, wenn nötig.**
- **Verarbeite sie alle zusammen zu einem großartigen Saft.**

Gesamtsumme an Kalorien: 364

Vitamine: Vitamin A 1107µg, Vitamin C 283,1mg, Vitamin B-6 1,025mg, Vitamin E 2mg, Vitamin K 73,6µg, Calcium 191mg, Eisen 3,41mg

Mineralien: Kipfer 0,743mg, Magnesium 115mg, Phosphor 212mg, Selen 1,5µg, Zink 1,35mg

34. Starte gesund

Süßkartoffel sind reich an Kalium und Calcium, die wichtig für jede sind, unabhängig vom Lebensstil. "Starte gesund" ist reich an Vitaminen und Mineralien. Versuch dieses Getränk ungefähr 30-60 Minuten, bevor du isst. Dadurch erlaubst du deinem Körper zuerst alle Nährstoffe aus den Früchten und Gemüsen zu absorbieren

- Äpfel: reduziert das Risiko an Lungenkrebs
- Rote Beete: reinigt den Dickdarm und stärkt die Leber
- Karotte: Beta-Karotin senkt das Risiko von Muskeldegeneration
- Orange: stimuliert weiße Zellen um Infektionen zu bekämpfen
- Pfeffer: hat Antioxidantien und antibakterielle Effekte
- Süßkartoffel: hilft das Immunsystem zu stärken

Zutaten:

- Äpfel (Golden Delicious) - 2 mittlere 360g
- Rote Beete - 2 Rüben 160g
- Karotten - 1 große 70g

- Orange (optional) - 1 Frucht 135g
- Pfeffer (süß, rot) - 1 mittlere 115g
- Süßkartoffel – 130g

Zubereitung:

- **Wasche alle Zutaten. Schäle sie, wenn nötig.**
- **Verarbeite sie alle zusammen zu einem großartigen Saft.**

Gesamtsumme an Kalorien: 250

Vitamine: Vitamin A 1211µg, Vitamin C 177,5mg, Vitamin B-6 0,735mg, Vitamin E 2,51mg, Vitamin K 18,1µg, Calcium 118mg, Eisen 2,31mg

Mineralien: Kupfer 0,35mg, Magnesium 85mg, Phosphor 167mg, Selen 1,8µg, Zink 1,15mg

35. Natürlicher Mix

Säfte waren schon immer geschmack-volle Getränke, aber sie sind mehr als das, sie sind eine Quelle der Gesundheit. Wenn sie mit den richtigen Zutaten vorbereitet werden, dann versorgen sie dich mit allen Vitaminen, die dein Körper braucht. Das ist ein großartiges Saftrezept, das abführende Effekte hat und hilft, dein Immunsystem aufzubauen. Du solltest ihn am Morgen trinken oder am Abend nach dem Abendessen. Lass uns sehen, welch großartige Effekte er auf deinen eigenen Körper haben wird.

- Apfel: beinhaltet Bor, was die Knochen stärkt
- Sellerie: hat Nährstoffe, die die Augen schützen und altersbedingte Seh-degenrationen verhindert
- Gurke: gute Quelle für Silikon, die die Gesundheit der Haut verbessert
- Löwenzahn: reduziert Stress und Krebs
- Grünkohl: sorgt für einen Nährstoff-Schub mit geringer Kalorienanzahl
- Zitrone: beschleunigt das Abnehmen

Zutaten:

- Äpfel - 2 mittlere 360g

- Sellerie - 2 Stangen, mittlere 80g
- Gurke - 1/2 Gurke 150g
- Löwenzahn - 1 Tasse, gehackt 55g
- Grünkohl - 3 Blätter 105g
- Zitrone - 1/2 Frucht 42g

Zubereitung:

- **Wasche alle Zutaten. Schäle sie, wenn nötig.**
- **Verarbeite sie alle zusammen zu einem großartigen Saft.**

Gesamtsumme an Kalorien: 165

Vitamine: Vitamin A 581µg, Vitamin C 133,2mg, Vitamin B-6 0,504mg, Vitamin E 2mg, Vitamin K 854µg, Calcium 238mg, Eisen 3,13mg

Mineralien: Kupfer 1,29mg, Magnesium 81mg, Phosphor 163mg, Selen 1,4µg, Zink 0,95mg

36. Überraschungs-Saft

Abnehmen wird immer assoziiert mit Saftrezepten, weil sie weniger Kalorien haben und die Nährstoffe vom Körper schneller absorbiert werden. Er sollte innerhalb von 30-60 Minuten vor einer Mahlzeit konsumiert werden. Die Effekte treten erst ungefähr nach einer Woche auf. Hier kommen einige Vorteile dieses Saftes, die sicherlich deinen Gesundheitszustand verbessern wird.

- Apfel: schützt Gehirnzellen vor Schaden durch freie Radikale

- Karotten: Konsum von Beta-Karotin ist verbunden mit dem verminderten Risiko einiger Krebsarten

- Koriander: reduziert die Summe von eingelagertem Fett in den Zellmembranen

- Blattkohl: reich an Nährstoffen mit anti-Tumor Eigenschaften

- Grünkohl: beinhaltet Sulforaphan, welches ein gesundes Immunsystem unterstützt

- Pfeffer: hat antioxidantische Fähigkeiten, so dass es freie Radikal im Körper neutralisieren kann

Zutaten:

- Apfel - 1 mittlere 180g

- Karotten - 3 mittlere 180g

- Koriander - 1 Hand voll 35g

- Blattkohl - 1 Tasse, gehackt 35g

- Grünkohl - 4 Blätter (20-28 cm) 140g

- Pfeffer (süß, rot) - 1 mittel 115g

Zubereitung:

- **Wasche alle Zutaten. Schäle sie, wenn nötig.**

- **Verarbeite sie alle zusammen zu einem großartigen Saft.**

Gesamtsumme an Kalorien: 158

Vitamine: Vitamin A 1832µg, Vitamin C 252,1mg, Vitamin B-6 0,812mg, Vitamin E 3,52mg, Vitamin K 898,1µg, Calcium 275mg, Eisen 2,86mg

Mineralien: Kupfer 1,61mg, Magnesium 90mg, Phosphor 187mg, Selen 1,6µg, Zink 1,28mg

37. Broccoli-Combo

"Broccoli Combo" ist einfach vorzubereiten. Du solltest ihn am Morgen trinken, so dass du dich für den Rest des Tages mit Energie versorgen kannst. Wenn du ihn jeden zweiten Tag machen kannst, wird es vorteilhafter sein. Er enthält einen hohen Prozentsatz an Vitamin C, das dein Immunsystem stärkt und dir Stärke gibt um jegliche Gesundheitsprobleme zu bekämpfen.

- Broccoli : enthält viel Eisen, was ein wichtiger Nährstoff ist, um das Energiegehalt hoch zu halten

- Kohl: hilft, deinen Körper zu entgiften und hält deinen Blutdruck davon ab, anzusteigen

- Grünkohl: sorgt für die richtige Funktion von Insulin und reguliert den Blutzucker

Zutaten:

- Broccoli - 1 Stange 150g

- Kohl - 1/2 Kopf, mittlere 450g

- Grünkohl - 4 Blätter (20-28 cm) 140g

Zubereitung:

- **Wasche alle Zutaten. Schäle sie, wenn nötig.**

- **Verarbeite sie alle zusammen zu einem großartigen Saft.**

Gesamtsumme an Kalorien: 117

Vitamine: Vitamin A 536µg, Vitamin C 328,1mg, Vitamin B-6 0,841mg, Vitamin E 1mg, Vitamin K 1038,6µg, Calcium 321mg, Eisen 3,68mg

Mineralien: Kupfer 1,571mg, Magnesium 102mg, Phosphor 241mg, Selen 4,3µg, Zink 1,41mg

38. Tropischer Ingwer

Wenn du auf eine gesunde Ernährung umsteigst und etwas Gewicht verlieren willst, dann sollte dieses Saftrezept auf deinem Menüplan stehen. "Tropischer Ingwer" ist voll an Nährstoffen, die will nicht nur deinem Körper zu Gute kommen, sondern auch den Energielevel während des Tages erhöhen. Für dieses Rezept benötigst du die aufgelisteten Zutaten und du solltest den Saft am Abend genießen.

- Ingwerwurzel: verhindert krebsartiges Tumorwachstum und hilft Fieber zu senken

- Grünkohl: ist reich an Organosulfur-Verbindungen, die viele Krebsarten bekämpfen

- Mango: enthält Enzyme, die Proteine abbauen

- Orange: beinhaltet Hesperidin, das Bluthochdruck senkt

- Ananas: verhindert das Fortschreiten von altersbedingter Muskeldegeneration

Zutaten:

- Ingwerwurzel - 1/2 Daumen breit 10g

- Grünkohl - 4 Blätter (20-28 cm) 140g

- Mango - 1 Frucht ohne Abfälle 335g
- Orange - 1 kleine 95g
- Ananas - 1 Tasse, Stücke 165g

Zubereitung:

- **Wasche alle Zutaten. Schäle sie, wenn nötig.**
- **Verarbeite sie alle zusammen zu einem großartigen Saft.**

Gesamtsumme an Kalorien: 231

Vitamine: Vitamin A 625µg, Vitamin C 294,2mg, Vitamin B-6 0,725mg, Vitamin E 2,24mg, Vitamin K 701,2µg, Calcium 215mg, Eisen 2,25mg

Mineralien: Kupfer 1,904mg, Magnesium 93mg, Phosphor 143mg, Selen 2,5µg, Zink 0,95mg

39. Zitronenkönig

Saftrezepte sind gesund und eine moderne Art fit zu bleiben. Das stellt sicher, dass dein Körper alle wichtigen Nährstoffe, Mineralien und Vitamine bekommt, die er braucht. Am besten nimmt man diesen Saft am Morgen zu sich oder du kannst damit auch einen täglichen Snack ersetzen. Wenn du diesen Saft täglich trinkst, wirst du dessen Effekte in deinem Körper und genauso in deiner Seele fühlen.

- Apfel: reduziert Cholesterin und verringert das Risiko von Diabetes
- Sellerie: reguliert den Säurehaushalt des Körpers
- Grünkohl: unterstützt ein gesundes Immunsystem und hat anti-Tumor Eigenschaften
- Zitrone: verhindert Hautprobleme
- Spinat: großartig um den Blutdruck zu senken und reinigt das System, indem es angesammelten Abfall entfernt

Zutaten:

- Äpfel (Granny Smith) - 4 mittlere 725g
- Sellerie - 3 Stangen, große 190g

- Grünkohl - 2 Blätter (20-28 cm) 70g

- Zitrone (geschält) - 1 Frucht 58g

- Spinat - 4 Tassen 120g

Zubereitung:

- **Wasche alle Zutaten. Schäle sie, wenn nötig.**

- **Verarbeite sie alle zusammen zu einem großartigen Saft.**

Gesamtsumme an Kalorien: 254

Vitamine: Vitamin A 679µg, Vitamin C 131,4mg, Vitamin B-6 0,627mg, Vitamin E 3,03mg, Vitamin K 801,2µg, Calcium 251mg, Eisen 4,11mg

Mineralien: Kupfer 1,041mg, Magnesium 131mg, Phosphor 180mg, Selen 2µg, Zink 1,10mg

40. Großer Mix

Einer der besten Methode um abzunehmen und Fett zu verlieren besteht darin, den Tag mit diesem wohlschmeckenden Saft zu beginnen. Paprika hilft, den Stoffwechsel unseres Körpers zu erhöhen, indem er Triglyceride senkt, die sich in unserem Körper ansammeln. Das wiederum hilft, Kalorien effektiver zu verbrennen. Im Folgenden sind noch weitere Nutzen dieses Saft-Rezepts aufgeführt:

- Cayenne Pfeffer: blockiert die Schmerzweiterleitung, daher hilft es, den Schmerz bis zu einem gewissen Grad zu mildern

- Sellerie : senkt Bluthochdruck

- Koriander: hat nur wenige Kalorien und enthält kein Cholestrol

- Knoblauch: reduziert die Triglyceride im Blut und die Entstehung arterieller Plaques

- Zwiebel: seit Jahrhunderten wurden Zwiebeln genutzt, um Entzündungen zu lindern und Infektionen zu heilen

- Tomate: hat anti-oxidantische Eigenschaften und verbessert die Verdauungsfunktion

Zutaten:

- Cayenne Pfeffer (scharf) 0.20g
- Sellerie - 1 Stange, große 63g
- Koriander - 1 Hand voll 35g
- Knoblauch - 1 Zehe 3g
- Zwiebel (Frühlingszwiebel) - 1 mittlere 14g
- Pfeffer (süß, grün) - 1 mittel 115g
- Salz (Himalaya) - 1 Prise 0,2g
- Tomate - 1 Tasse Kirschtomaten 145g

Zubereitung:

- **Wasche alle Zutaten. Schäle sie, wenn nötig.**
- **Verarbeite sie alle zusammen zu einem großartigen Saft.**

Gesamtsumme an Kalorien: 35

Vitamine: Vitamin A 156µg, Vitamin C 91,5mg, Vitamin B-6 0,370mg, Vitamin E 1,65mg, Vitamin K 122,2µg, Calcium 63mg, Eisen 1,25mg

Mineralien: Kupfer 0,200mg, Magnesium 33mg, Phosphor 70mg, Selen 0,7µg, Zink 0,52mg

41. Omas Saft

Wenn du ein Saftliebhaber bist, kommt hier ein großartiges Rezept für doch. Es wird dir helfen, den Stoffwechsel des Körpers zu verbessern und erleichtert das Abnehmen. Am besten serviert man es am Morgen oder 30 bis 60 Minuten, bevor du etwas isst, oder aber du ersetzt damit ganz einfach einen Snack. Dieser Saft hat einen hohen Anteil an Kalium und Phosphor, die Stresssymptome lindern. Wenn du also einen schlechten Tag hattest, kannst du immer entspannen und das Getränk genießen. Es wird dir helfen. Hier nun einige Vorteile dieses Rezeptes:

- Apfel: Quelle für Ballaststoffe ohne zu viele Kalorien
- Karotten: sehr reich an Vitamin A, gut, um das Augenlicht zu verbessern
- Gurke: gegen Mundgeruch und rehydriert den Körper
- Trauben: reduzieren die Fähigkeit von Zellen Fett zu speichern um bis zu 130 Prozent, unterstützt damit signifikant das Abnehmen
- Pfeffer: stimuliert weiße Zellen um Infektionen zu bekämpfen, bildet in natürlicher Weise ein gesundes Immunsystem auf

- Spinat: hohe alkalische Eigenschaften machen ihn zur perfekten Wahl für Menschen, die an entzündlichen Alimenten leiden, wie Osteoarthritis

- Tomate: verbessert die Gesundheit des Herzens, indem es den Blutdruck senkt

Zutaten:

- Äpfel (grün) - 2 mittlere 355g
- Karotten - 3 mittlere 180g
- Gurke - 1 Gurke 300g
- Trauben (grün) - 15 Trauben 90g
- Pfeffer (süß, grün) - 1 mittel 115g
- Spinat - 2 Tassen 60g
- Tomate - 1 mittlere 115g

Zubereitung:

- **Wasche alle Zutaten. Schäle sie, wenn nötig.**
- **Verarbeite sie alle zusammen zu einem großartigen Saft.**

Gesamtsumme an Kalorien: 221

Vitamine: Vitamin A 1325µg, Vitamin C 114,2mg, Vitamin B-6 0,701mg, Vitamin E 2,79mg, Vitamin K 270,1µg, Calcium 171mg, Eisen 2,9mg

Mineralien: Kupfer 0,429mg, Magnesium 112mg, Phosphor 185mg, Selen 1,1mg, Zink 1,31mg

42. Mineralquelle

Egal welche Art Lebensstil du führst, du solltest dir Zeit nehmen für einen gesunden Saft, der eine exzellente Quelle für Mineralien und Vitaminen sein kann. Wenn du abnehmen willst, verbessere deine Gesundheit oder fühl dich einfach besser. Ein natürlicher Saft kann das für dich tun. Er ist ein wahrer Freund, wenn es darum geht, zu verbessern, wie dein Körper aussieht, arbeitet und wie er sich anfühlt. Und das Ergebnis wird definitiv ein positives sein. Hier kommen nun die Vorteile dieses Saftrezeptes.

- Apfel: ein Apfel pro Tag reduziert das Risiko von Brustkrebs um 16 Prozent
- Rote Beete: sehr heilend für Hepatotoxizität oder Gallenleiden wie Essensvergiftung oder Hepatitis
- Ingwerwurzel: reduziert Entzündungen und verhindert die Vermehrung von Herpes Simplex Viren
- Zitrone: Zitronensaft hinzuzufügen wird das Abnehmen erleichtern
- Ananas: bekämpft die Formation freier Radikale, die dafür bekannt sind, Krebs zu verursachen

Zutaten:

- Apfel - 1 mittlere 180g
- Rote Beete (golden) – 1 Rübe 80g
- Ingwerwurzel - 1 Daumen breit 24g
- Zitrone - 1/2 Frucht 29g
- Ananas - 2 Stücke 332g
- Kürbiskuchen-Gewürz (eine Prise) - 1/4 Teelöffel 0,42g

Zubereitung:

- **Wasche alle Zutaten. Schäle sie, wenn nötig.**
- **Verarbeite sie alle zusammen zu einem großartigen Saft.**

Gesamtsumme an Kalorien: 179

Vitamine: Vitamin A 11µg, Vitamin C 121,4mg, Vitamin B-6 0,385mg, Vitamin E 0,35mg, Vitamin K 4.5µg, Calcium 55mg, Eisen 1,53mg

Mineralien: Kupfer 0,36mg, Magnesium 56mg, Phosphor 64mg, Selen 0,8µg, Zink 0,60mg

43. Gesundheitsfreund

Hier kommt ein großartiges und leicht zuzubereitendes Saftrezept, das dir unglaubliche Abnehm-Ergebnisse beschert und dir dabei hilft, dass dein Körper alle notwendigen Nährstoffe erhält, die dein Körper braucht. Es ist eine gute Art und Weise Zeit zu sparen und wird deinen Tag aufwerten. Du kannst mit diesem Saft einfach einen ungesunden Snack ersetzen. Hier sind einige Effekte dieses Saftes:

- Spargel: enthält Kalium, das dafür bekannt ist, Fett zu verbrennen, außerdem beinhaltet er wenig natürliches Natrium und hat kein Cholesterol, was hilft, wenn man abnehmen will

- Sellerie: hat hohe anti-oxidantische Anteile und hat einen antibakteriellen Effekt gegen Salmonellen

- Koriander: ist ein natürlicher Wasserreiniger und ein vitaler Nährstoff, der erforderlich ist für dir Formation und den Erhalt starker Knochen

Zutaten:

- Spargel- 6 Stangen, mittlerer 95g

- Sellerie - 3 Stangen, große 185g

- Koriander - 1 Hand voll 32g

Zubereitung:

- **Wasche alle Zutaten. Schäle sie, wenn nötig.**
- **Verarbeite sie alle zusammen zu einem großartigen Saft.**

Gesamtsumme an Kalorien: 20

Vitamine: Vitamin A 131µg, Vitamin C 14,2mg, Vitamin B-6 0,185mg, Vitamin E 1,63mg, Vitamin K 139,1µg, Calcium 84mg, Eisen 2,09mg

Mineralien: Kupfer 0,218mg, Magnesium 28mg, Phosphor 75mg, Selen 2,1µg, Zink 0,63mg

44. Süßer Saft

Du wirst Spaß daran haben, dieses Saftrezept aus zu probieren . Es ist einfach vorzubereiten und alle Zutaten schmecken köstlich. Beginne also damit, diesen Saft mindesten 30 bis 60 Minuten, bevor du deine nächste Mahlzeit isst, zu servieren. "Süßer Saft" ist eine gute Art und Weise das Abnehmen zu beschleunigen und gleichzeitig deine Gesundheit zu verbessern. Wenn du bereit bist, lass uns einige Nutzen, die dieses Rezept mit sich bringt, näher betrachten:

- Rote Beete: hoch an Kohlehydrate, was bedeutet, dass er ein sofortiger Energielieferant ist und nützlich darin, Fett zu verstoffwechseln

- Karotten: hat einen reinigenden Effekt auf die Leber und senkt die Cholesterin-Werte

- Süßkartoffel: beinhaltet entzündungs-hemmende Nährstoffe

Zutaten:

- Rote Beete - 1 Rübe 80g

- Karotten - 3 mittlere 181g

- Süßkartoffel - 1/2 63g

Zubereitung:

- **Wasche alle Zutaten. Schäle sie, wenn nötig.**
- **Verarbeite sie alle zusammen zu einem großartigen Saft.**

Gesamtsumme an Kalorien: 85

Vitamine: Vitamin A 1386µg, Vitamin C 11,2mg, Vitamin B-6 0,30mg, Vitamin E 0,92mg, Vitamin K 17,4µg, Calcium 63mg, Eisen 1,10mg

Mineralien: Kupfer 0,165mg, Magnesium 39mg, Phosphor 87mg, Selen 0,7µg, Zink 0,61mg

45. Pures Leben

Bring dieses gesunde Saftrezept in dein Leben, die Effekte werden deine Gewichtsprobleme auf eine positive Art und Weise verändern und deinen Körper stärken. Du kannst in zu jeder Tageszeit trinken; stell nur sicher, dass du ihn 30 bis 60 Minuten vor einer Mahlzeit zu dir nimmst. Ok, lass uns also sehen, was dieser Saft dir bietet.

- Bittermelone: beinhaltet eine Chemikalie, die wie Insulin wirkt um dein Blutzuckerspiegel zu reduzieren
- Grapefruit: fungiert als ein exzellenter Appetitzügler und ist förderlich bei der Behandlung von Müdigkeit
- Zitrone: hilft bei der Heilung von Atemproblemen und verbessert das Abnehmen

Zutaten:

- Bittermelone - 1 Bittermelone 120g
- Grapefruit - 1/2 große 165g
- Zitrone (mit Schale) - 1 Frucht 80g

Zubereitung:

- **Wasche alle Zutaten. Schäle sie, wenn nötig.**

- **Verarbeite sie alle zusammen zu einem großartigen Saft.**

Gesamtsumme an Kalorien: 45

Vitamine: Vitamin A 73µg, Vitamin C 142mg, Vitamin B-6 0,131mg, Vitamin E 0,23mg, Folate 80µg, Calcium 45mg, Eisen 0,81mg

Mineralien: Kupfer 0.,02mg, Magnesium 27mg, Phosphor 43mg, Selen 0,7µg, Zink 0,80mg

46. Vitaminzeit

Wir alle wollen gesund sein, aber die meiste Zeit vergessen wir, dass wir verantwortlich handeln müssen um das zu tun. Saftrezepte sind eine exzellente Art und Weise um dieses Problem zu lösen- Einige Minuten pro Tag und du bekommst eine große Menge an Vitaminen und Mineralien. "Vitaminzeit" passt auf diese Beschreibung. Lass uns sehen, was er anzubieten hat.

- Apfel: enthält Pektin, das den Cholesterin senkt
- Karotten: baut überschüssige Flüssigkeiten des Körpers ab und reduziert das Risiko für Schlaganfall
- Ingwerwurzel: hilft fettiges Essen zu verdauen und baut Proteine ab, was dem Abnehmen zuträglich ist
- Zitrone: verhindert die Entwicklung von Krebs und erleichtert das Abnehmen

Zutaten:

- Apfel - 1 mittlere 180g
- Karotten - 8 mittlere 485g
- Ingwerwurzel - 1 Daumen breit 22g
- Zitrone - 1 Frucht 82g

Zubereitung:

- **Wasche alle Zutaten. Schäle sie, wenn nötig.**
- **Verarbeite sie alle zusammen zu einem großartigen Saft.**

Gesamtsumme an Kalorien: 165

Vitamine: Vitamin A 2851µg, Vitamin C 56mg, Vitamin B-6 0,589mg, Vitamin E 2,50mg, Vitamin K 46,8µg, Calcium 132mg, Eisen 1,61mg

Mineralien: Kupfer 0,242mg, Magnesium 58mg, Phosphor 145mg, Selen 0,6µg, Zink 0,94mg

47. Leckeres ABC

Dieses Saftrezept serviert man am besten am Morgen, weil es eine großartige Art und Weise ist um deinen Körper einen Energieschub zu verleihen. Außerdem wird es deine Konzentration steigern und dich für den Rest des Tages fit halten. Wenn du nach etwas Ausschau hältst, das dir die oben aufgezählten Nutzen bringt oder wenn du auf der Suche nach einem Rezept bist, das dir hilft Fett loszuwerden, dann solltest du dieses hier probieren. Hier einige Nutzen, die es dir bringt:

- Apfel: verleiht dem Immunsystem einen Schub und hilft deine Leber zu entgiften

- Rote Beete: senkt den Blutdruck, sehr reich an Ballaststoffen und eine große Quelle für Betaine, einem Nährstoff, der die Zellen schützt

- Karotten: verhindern Herzerkrankungen und reinigen den Körper

Zutaten:

- Apfel - 1 mittlerer 180g

- Rote Beete - 1 Rübe 80g

- Karotten - 2 große 141g

Zubereitung:

- **Wasche alle Zutaten. Schäle sie, wenn nötig.**
- **Verarbeite sie alle zusammen zu einem großartigen Saft.**

Gesamtsumme an Kalorien: 95

Vitamine: Vitamin A 837µg. Vitamin C 13,5mg, Vitamin B-6 0,21mg, Vitamin E 0,88mg, Vitamin K 16,1µg, Calcium 49mg, Eisen 0,90mg

Mineralien: Kupfer 0,121mg, Magnesium 31mg, Phosphor 71mg, Selen 0,4µg, Zink 0,47mg

48. Genuss hoch drei

"Genuss hoch drei" ist ein einfaches Saftrezept und kann von der ganzen Familie genossen werden, stell nur sicher, dass du es 30 bis 60 Minuten vor einer Mahlzeit vorbereitest. Fühl dich frei es auszuprobieren und die Resultate zu bestaunen; es wird lediglich positive Dinge in dein Leben lassen, wie Gesundheit und dein Aussehen. Lass uns schauen, wie man es zubereitet und was der Saft für dich bereit hält.

- Apfel: erhöht die Knochendichte, verleiht deinem Immunsystem einen Schub und reduziert das Cholesterin

- Rote Beete: regeneriert und reaktiviert die roten Blutzellen und liefert dem Körper frischen Sauerstoff

- Süßkartoffel: spielt eine wichtige Rolle bei dem Energiespiegel, deinen Launen, den Nerven, Herz, Haut und Zähne

Zutaten:

- Äpfel - 2 mittlere 360g
- Rote Beete - 1 Rübe 80g
- Süßkartoffel - 135g

Zubereitung:

- **Wasche alle Zutaten. Schäle sie, wenn nötig.**
- **Verarbeite sie alle zusammen zu einem großartigen Saft.**

Gesamtsumme an Kalorien: 175

Vitamine: Vitamin A 643µg, Vitamin C 16,5mg, Vitamin B-6 0,331mg, Vitamin E 0,71mg, Vitamin K 7,3µg, Calcium 51mg, Eisen 1,31mg

Mineralien: Kupfer 0,247mg, Magnesium 48mg, Phosphor 92mg, Selen 0,8µg, Zink 0,56mg

49. Abendgenuss

Es gibt keine Entschuldigungen was das Abnehmen betrifft. "Abendgenuss" ist ein großartiges Saftrezept um diese Aufgabe zu erfüllen. Du solltest ihn am Morgen trinken, um das Beste aus dem restlichen Tag zu machen. Es wird nicht mehr als 5 Minuten dauern um ihn vorzubereiten und für diese 5 Minuten erhältst du tolle Ergebnisse! Finde heraus, was dich erwartet.

- Rote Beete:
- Karotte:
- Sellerie:
- Gurke:
- Birne:
- Ingwerwurzel:

Zutaten:

- Rote Beete (golden) - 1 Rübe 80g
- Karotten - 3 große 215g
- Sellerie - 4 Stangen, große 255g
- Gurke - 1/2 Gurke 150g
- Ingwerwurzel - 1/2 Daumen breit 11g

- Birne - 1 mittlere 174g

Zubereitung:

- **Wasche alle Zutaten. Schäle sie, wenn nötig.**
- **Verarbeite sie alle zusammen zu einem großartigen Saft.**

Gesamtsumme an Kalorien: 147

Vitamine: Vitamin A 1304µg, Vitamin C 25mg, Vitamin B-6 0,462mg, Vitamin E 1,66mg, Vitamin K 1,82mg, Calcium 158mg, Eisen 1.73mg

Mineralien: Kupfer 0,334mg, Magnesium 75mg, Phosphor 161mg, Selen 1,7µg, Zink 1,15mg

50. Gemüsezeit

Hier kommt ein großartiges Saftrezept, das du probieren musst. Wenn du gerade eine Diät machst oder einen gesünderen Körper haben willst, wird es dir dabei helfen. Es ist leicht vorzubereiten und du solltest ihn am Morgen trinken als eine Art zusätzlichen Snack. Die Zutaten sind reich an wichtigen Nährstoffen und haben nur wenige Kalorien, daher wird es deinen Fortschritt beschleunigen. Lass uns sehen welcher Nutzen dir dieses Rezept bringt.

- Rote Beete: bekämpfen Entzündungen und senken den Blutdruck
- Karotten: großartige Quelle an Beta-Karotinen, die das Risiko von Krebs vermindern
- Sellerie: reduziert Cholesterin und reguliert den Säurehaushalt
- Petersilie: exzellenter Blutreiniger und Blutbildner
- Pfeffer: hat antibakterielle und antioxidantische Wirkung
- Radieschen: gut um Hunger zu stillen und deine Kalorienaufnahme gering zu halten

- Tomaten: der Gehalt an Ballaststoffen, Kalium, Vitamin C und Cholin in Tomaten tragen zur Gesundheit des Herzens bei

Zutaten:

- Rote Beete - 1 Rübe 81g
- Karotten - 2 mittlere 121g
- Sellerie - 2 Stangen, große 125g
- Petersilie - 4 Hand voll 160g
- Pfeffer (Jalapeno) (Kerne/Schale entfernt) - 1 Pfeffer 13g
- Radieschen - 12 mittlere 50g
- Tomaten - 4 Rispentomaten 246g

Zubereitung:

- **Wasche alle Zutaten. Schäle sie, wenn nötig.**
- **Verarbeite sie alle zusammen zu einem großartigen Saft.**

Gesamtsumme an Kalorien: 100

Vitamine: Vitamin A 1273µg, Vitamin C 200,4mg, Vitamin B-6 0,51mg, Vitamin E 2,92mg, Vitamin K 1890,3µg, Calcium 254mg, Eisen 8,45mg

Mineralien: Kupfer 0,403mg, Magnesium 113mg, Phosphor 190mg, Selen 1,1µg, Zink 2,11mg

ANDERE WERKE DES AUTORS

Fortgeschrittenes Training zur mentalen Stärke für Gewichtheber:

Verwende Visualisierungen um dein wahres Potential auszuschöpfen

Von

Joseph Correa

Zertifizierter Meditationslehrer

Steigere deine mentale Stärke im Bodybuilding durch Meditation:

Erreiche dein Potential durch Gedankenkontrolle

Von

Joseph Correa

Zertifizierter Meditationslehrer